📖 주제
- 아는 것과 모르는 것   · 추리   · 인과관계   · 진실

📖 활용 학년 및 교과 연계

초등 과정	2-1 국어	10. 다른 사람을 생각해요
	2-2 국어	2. 인상 깊었던 일을 써요
	4-1 과학	1. 과학자처럼 탐구해 볼까요?
	5-1 국어	8. 아는 것과 새롭게 안 것

그날 밤의 진실

초등 첫 인문철학왕 30
뿌지직! 그날 밤의 진실

글쓴이 신선웅 | 그린이 김수연 | 해설 지혜인
기획편집 이정희 | 편집 박주원
디자인 문지현 | 생각 실험 디자인 김윤현

펴낸이 이경민 | 펴낸곳 ㈜동아엠앤비
출판등록 2014년 3월 28일(제25100-2014-000025호)
주소 (03972) 서울특별시 마포구 월드컵북로22길 21, 2층
전화 (편집) 02-392-6901 (마케팅) 02-392-6900 | 팩스 02-392-6902
홈페이지 www.moongchibooks.com | 뭉치북스 Instagram 뭉치북스

※ 잘못된 책은 구입한 곳에서 바꿔 드립니다.
※ 이 책에 실린 사진은 셔터스톡, 위키피디아, 게티이미지뱅크(코리아)에서 제공받았습니다. 그 밖의 제공처는 별도 표기했습니다.

도서출판 뭉치는 ㈜동아엠앤비의 어린이 출판 브랜드로, 아이들의 지식을 단단하게 만들어 주고,
아이들의 창의력과 사고력을 키워 주어 우리 자녀들이 융합형 사고뭉치와 창의뭉치로
성장할 수 있도록 좋은 책을 만들겠습니다.

 아는것과 모르는것

그날 밤의 진실

뿌지직!

우리가 알고 있는 것들이 모두 진실일까?

글쓴이 **신선웅** 그린이 **김수연**
해설 **한국 철학교육연구원 지혜인**

목격자를 찾습니다

동아엠앤비

5월 10일 ...

'질문'의 힘! '생각'의 힘!
'미래 인재'로 가는 힘!

어린이와 학부모님들께 《초등 첫 인문철학왕》을 추천할 수 있어서 매우 기쁩니다. 어린이들이 이 시리즈를 통해 '나'에 대해, 나와 공동체 사이의 소통에 대해, 세상의 이치와 진리에 대해 마음껏 질문하고 생각하기를 바라기 때문입니다. 그렇게 되면 창의적으로 문제를 해결하는 힘 또한 커질 수 있다고 믿기 때문이지요.

'제4차 산업혁명의 시대'라는 말처럼 우리는 모든 것이 혁신적으로 변화하는 시대에 살고 있습니다. 스마트폰, 인공 지능, 첨단 로봇 등 새로운 기술과 지식이 나오는 속도도 이전과 비교할 수 없을 정도로 빨라졌지요. 세상에 넘쳐나는 지식과 정보는 이제 누구나 쉽게 구할 수 있고, 개인의 두뇌에 담아낼 수 있는 용량을 넘어선 지 오래입니다. 결국 이 시대의 아이들에게 필요한 것은 지식보다는 그 지식을 다루는 지혜와 창의성 아닐까요?

7차 교육과정 개정 이후 학교 교육도 이러한 시대 흐름에 맞추어 미래 사회가 요구하는 인문학적 상상력과 과학기술 창조력을 두루 갖춘 창의융합형 인재를 양성하는 것을 목표로 합니다.

'철학'은 '지혜를 사랑하는'이란 뜻을 가진 말입니다. 이 학문은 여러분처럼 모든 것에 호기심 많았던 철학자들로부터 시작됩니다. 아주 오래전부터 인간, 사회, 자연, 우주, 진리 등 다양한 분야에서 다른 사람들보다 더 깊이, 더 많이, 그리고 아주 끈질기게 했던 수많은 질문과 탐구를 하며 만들어졌습니다.

마치 높은 곳에 올라가면 마을 전체를 내려다볼 수 있는 넓은 시야를 얻게 되듯이, 철학을 한다는 것은 하나의 문제를 더 큰 눈으로 볼 수 있게 되는 것이랍니다. 그러면 어떤 점이 좋을까요? 더 넓게 보는 눈, 더 깊이 있게 보는 눈, 다른 사람들이 생각하지 못한 부분들을 상상하고 찾아낼 수 있는 눈이 생깁니다. 또 우리 앞의 문제들을 자신만의 창의적인 방법으로 해결할 수도 있고, 그 문제를 해결하다가 다른 더 큰 문제를 발견하여 미리 처리할 수도 있습니다.

　　《초등 첫 인문철학왕》은 바로 그러한 생각의 눈을 아주 활짝 열어 줄 것입니다. 주제와 관련된 재미있는 동화, 이와 연결된 깊이 있는 인문 해설과 철학 특강, 창의·탐구 활동 등으로 구성된 시리즈는 아이들이 세상에 넘쳐 나는 지식을 지혜롭게 다루는 힘을 길러서, 문제해결력을 갖춘 창의적 인재로 성장할 수 있게 해 줄 것입니다.

　　그러니 이 책을 읽으며 여러 분야에서 떠오르는 호기심과 질문들을 혼자만 가지고 있지 말고 친구, 가족과도 나누어 보시길 바랍니다. 모두가 질문하고 생각하는 힘이 생긴다면, 어려운 문제들을 함께 해결해 나가는 공동체를 만들 수 있겠지요?

　　이 책을 읽는 여러분들 모두, 그런 멋진 공동체를 하나둘 만들어 나가는 지혜로운 미래 인재가 되기를 기대합니다.

이지애 드림
(이화여대 철학과 부교수, 한국 철학교육 학회 회장)

구성과 활용

초등 첫 인문철학왕
이렇게 활용하세요!

생각 실험

생각 실험은 어떤 사실을 알기 위해 여러 가지 실험과 사례를 연구하는 것이에요. 철학이나 자연 과학 분야 등에서 널리 사용되는 방법이에요. 권마다 주제에 관련된 실험, 유명한 인물의 사례 등을 읽으며 상상력과 문제 해결력을 키워 보세요.

만화 & 동화

40권의 인문 철학 주제별로 아이들의 생활 세계 속 이야기, 패러디 동화 등이 다양하게 펼쳐져요. 처음과 중간은 만화, 본문은 그림 동화로 되어 있어서, 재미난 이야기에 푹 빠질 수 있어요.

인문철학왕되기

오랫동안 어린이들과 함께 철학 수업을 연구하고 진행해 온 한국 철학교육연구원 소속 교수와 연구진들이 집필했어요.

소쌤의 철학 특강, 인문 특강, 창의 특강으로 구성되었어요. 주제와 이야기 안에 숨겨진 철학적 문제들에 대해 함께 답을 찾아갈 수 있도록 깊이 있는 토론과 특강, 그리고 재미있는 활동으로 구성되었어요.

난 질문하는 **소크라테스**! 문제를 해결할 수 있도록 도와주지!

난 **뭉치**. 같이 생각하고 토론하지!

난 늘 창의적인 **새롬**이!

난 생각이 깊은 **지혜**!

교과 연계

각 권마다 최신 개정 교과서 단원과 연계되어 교과 학습에 도움이 되도록 구성되었어요. 권별로 확인하세요.

이 책의 차례

추천사 4

구성과 활용 6

생각 실험 사람들이 아메리카 대륙 발견에 대해 아는 것과 모르는 것? 10

만화 안다는 게 대체 뭐지? 20

목격자를 찾습니다! 22

인문철학왕되기1 '안다는 것'은 무엇일까요?
소쌤의 철학 특강 '경험'이란 무엇일까?

사건은 미궁 속으로! 44

인문철학왕되기2 무엇을 아는 데 감각이 왜 중요할까요?
소쌤의 인문 특강 '경험'은 어떤 과정을 거쳐야 하는 걸까?

| 만화 | 진짜 안다는 것 | 66 |

진짜 아는 것이 무엇인지 말해 줘! — 72

- **인문철학왕되기3** 소문만 듣고 사실을 안다고 말할 수 있을까요?
- **소쌤의 창의 특강** 진짜 알아 가는 과정

밝혀진 그날 밤의 진실 — 94

- **인문철학왕되기4** 만일 나라면?
- **탐구활동** 주의 깊게 관찰하기

사람들이 아메리카 대륙 발견에 대해 아는 것과 모르는 것?

1450년에 이탈리아에서 태어난 콜럼버스는 젊은 시절, 선원 일을 하거나 지도 만드는 일을 했어요. 그러다 이탈리아의 상인이었던 마르코 폴로가 쓴 『세계 경이의 서(동방견문록)』를 읽게 되었죠. 책에는 중국 원나라, 이란, 중앙아시아 등 마르코 폴로가 세계를 여행하며 보고 들은 내용이 쓰여 있었어요.

여기에 영향을 받은 콜럼버스는 인도에 갈 계획을 세웠어요. 스페인에서 서쪽으로 3,700km를 항해하면 인도나 중국에 도착해서 귀한 향신료와 황금을 잔뜩 얻을 수 있다고 생각했죠.

하지만 **실제 거리는 약 20,000km라는 사실을 당시의 콜럼버스는 전혀 알지 못했어요.** 지구의 둘레를 실제보다 훨씬 짧게 측정하는, 엄청난 계산 실수 때문이었죠.

이 당시 향신료는 황금만큼이나 가치 있는 물품이었어요.

이 길고 험난한 항해에는 엄청난 돈과 선원이 필요했어요. 후원자를 구하던 중에 스페인 여왕 **이사벨 1세가 콜럼버스를 지원**하기로 했어요. 이사벨 여왕은 콜럼버스를 해군 함대의 사령관으로 임명하고, 커다란 배 두 척을 내주었어요.

조건이 있습니다.
1. 기사와 제독 작위,
2. 발견한 땅을 다스리는 총독의 지위,
3. 얻은 총 수익의 10분의 1을 주십시오.

1492년 8월에 스페인 카디스를 떠난 콜럼버스와 선원들은 약 두 달을 꼬박 서쪽으로 항해합니다. 그리고 그해 10월, 드디어 **현재 중남미 지역에 속한 바하마 제도의 어느 섬에 도착**하게 되었죠.

이어서 **그는 쿠바·히스파니올라(아이티)에 도달했는데 이 곳을 인도의 일부라고 착각**했어요. 그래서 **원주민을 '인도의 사람'이라는 뜻의 '인디오'라고 불렀다**고 해요. 흔히 '인디언'이라고 하는 이 말이 콜럼버스가 아메리카를 인도로 잘못 안 데에서 유래한 것이었죠.

콜럼버스는 총 네 차례에 걸쳐 아메리카 대륙을 항해했어요. 그리고 **아메리카 원주민들을 노예로 삼아서 향신료나 황금을 찾아내라고 강요했어요.** 하지만 생각보다 향신료나 황금이 많이 나오지 않자, 원주민을 잔혹하게 죽이거나 스페인 여왕에게 노예로 선물하기도 했어요.

그렇다면 **죽을 때까지 아메리카 대륙을 인도라고 확신한 콜럼버스는 신대륙의 최초 발견자일까요? 아니에요!**

지질학 연구자들은 약 30,000년 전의 빙하기 때, **유라시아 동쪽 끝과 알래스카 사이의 베링 해협을 걸어서 건너간 아시아인들이 아메리카 대륙의 첫 발견자**라고 말합니다.

신대륙을 인도라고 착각했던 콜럼버스와 달리 **아메리카 대륙이 신대륙임을 깨달은 사람**이 있어요. 바로 이탈리아의 탐험가 **아메리고 베스푸치**였지요. 그의 탐험 기록을 바탕으로 독일의 유명 지도 제작자 발트제뮐러가 세계 지도를 만들었어요. 그래서 신대륙은 아메리고의 이름을 따서 '아메리카'라는 이름으로 불리게 되었지요.

"우리가 알고 있는 것은,
자신이 알고 있다고 생각하는 것뿐일 수도 있어요.
우리가 아는 것과 모르는 것은
과연 무엇일까요?"

내 이름이 **아메리고** 베스푸치!

그날 밤의 진실

목격자를 찾습니다!

똥!
이 한 글자가 온 마을을 뒤덮었다.

마을 한 가운데에 똥을 쌌다? 그것도 엄청 커다란 똥을? 대체 누가? 단 한 번도 상상해 보지 못한 일이다. 내가 송아리에서 경찰 생활을 10년 넘게 해 오고 있지만 똥 사건은 처음 일어난 일이다. 맙소사, 똥 사건이라니!

오늘 아침까지만 해도 짹짹 새소리도 예쁘고 기분 좋게 바람도 살랑 불었다.

'우리 송아리 마을만큼 평화롭고 아름다운 마을이 있을까?'

잠시 행복한 생각에 빠져 있을 때였다.

따르르르릉! 경찰서 전화기가 요란하게 울렸다.

"네! 송아리 마을 경찰서 너구리입니다. 무엇을 도와드릴까요?"

전화기 너머로 믿을 수 없는 말이 흘러나왔다.

"네?? 다시 한번 말씀해 주시겠어요?"

자리를 박차고 일어선 나는 두 눈이 휘둥그레지다 못해 튀어 나올 뻔했다. 제보자의 말은 이러했다.

"마을 한가운데에 커다란 똥을 쌌어요. 누가 쌌는지 알 수가 없어요. 진짜 엄청난 똥이에요. 냄새도 아주 고약하고요!"

마을 한가운데, 송아리 우물 옆이라고 했다. 제보 전화를 받자마자 출동 준비를 했다.

'마을 한 가운데에 커다란 똥을 쌌다고? 대체 누가? 목격자가 있을까? 분명 이 사건에 대해 아는 마을 주민들이 있을 거야!'

나는 요란하게 사이렌을 울리며 사건 현장으로 출동했다.

쿵쿵, 왠지 모르게 제보 전화를 받기 전부터 구리구리한 냄새가 나는 것 같았다. 전화를 받고 출동하는 지금도 어디선가 냄새가 나는 것만 같다. 사건 현장이 가까워질수록 냄새가 짙어지는 느낌은 이 냄새가 이번 사건과 관련이 있다는 것일까? 아니면 괜한 기

분 탓일까? 다행히 사건 현장이 경찰서에서 멀지 않아서 빨리 출동할 수 있었다. 다행이다.

 아차, 그런데 여기서부터는 '송아리 숲 보존 구역'이라서 자동차로 들어갈 수가 없다. 경찰이 출동할 때는 경찰차에서 탁! 내려 주는 게 가장 멋진데 말이다. 어쩔 수 없지. 송아리 숲 보존을 위해 멋있음을 포기하는 수밖에. 경찰차를 주차하고 사건 현장까지 걸어 들어가야겠다.

'송아리 숲 보존 구역'에 들어섰다. 그런데 지나가는 주민들의 분위기가 심상치 않다.

"수군수군."

"어쩌고저쩌고."

다들 왜 그러는 것일까? 그냥 지나칠 수가 없다. 잠깐 이야기를 들어 봐야 할 것 같다. 마침 저 앞에 모여 앉아 이야기를 나누는 주민들이 있다. 각자 아기를 업거나 안고 있는 토끼와 다람쥐에게 다가섰다.

"안녕하세요? 송아리 경찰 너구리입니다. 무슨 이야기를 하고 계시지요?"

인사를 건네자 다람쥐가 먼저 나서서 말한다.

"소문 못 들었어요? 똥 말이에요, 똥! 알죠? 소문이 쫙 나서 모르는 주민이 없을걸요?"

약간 겁을 먹은 것 같았던 토끼도 말을 보탠다.

"똥이 엄청나게 양이 많아서 근처에 가면 한눈에 보기도 힘들 정도래요."

그렇게 시작하더니 앞다투어 본인 생각들을 말한다.

"냄새가 엄청나다던데? 양이 많다니까 뭐, 냄새가 오죽하겠어?"

"그 정도면 누가 일부러 못된 짓을 한 거 아니야?"

"한 명이 아닐 수도 있지! 여럿이 같이 한 일일 수도 있어."

"어머, 누가? 누가 그런 짓을 같이 해?"

"아휴, 모르지. 숲 한가운데에 무시무시한 똥을 쌌다는데, 일부러 한 게 아니겠어?"

"맞아. 아무도 없는 밤중에 그랬다고 하던데? 아주 계획적으로 일을 저지른 것 같아."

아, 이럴 수가! 이미 마을에는 소문이 자자했다. 지나가는 주민들 모두 온통 똥 얘기를 하고 있었다. 막상 그 소문을 들어 보니 너무나 혼란스럽다.

대체 왜? 누가? 언제? 진짜 어마어마하고 무시무시한 똥을 쌌다고? 오 마이 갓! 토끼와 다람쥐의 말을 들을수록 혼란스럽다.

발걸음을 돌려 다시 사건 현장으로 간다.

가만가만, 그런데 이건 모두 소문일 뿐 아닌가? 소문으로, 말로, 전해 들은 것만으로 이 사건에 대해 안다고 말할 수 없지! 소문은 소문일 뿐! 지금 돌고 있는 말들은 온통 '간접 경험'일 뿐이다. 우선 사건이 일어난 현장부터 확인해야겠다. 마음이 급해지니 걸음이 저절로 빨라진다. 이 너구리 경찰이 또 재빠르기로는 유명하지!

읍……, 그런데……, 어후…….

냄새가 구린 걸 넘어서 이제는 쿠리다는 말로도 부족할 정도다. 숨을 쉬기는 어렵겠지만 현장에 접근하려면 어쩔 수 없다. 우선 코를 좀 막고!

"후우……."

그래, 입으로 숨을 뱉으며 다시 걸음을 재촉해 본다.

앗, 주민들이 모여 있다! 저곳이 바로 사건의 현장이다.

와우! 무엇을 상상하든 그 이상을 경험하게 될 것이라고 누가 말했던가? 이게 정말 똥이라고? 눈을 씻고 봐도 믿을 수가 없다. 이게? 이 많은 게? 똥이라고? 냄새 역시 이 정도일 줄은 몰랐다. 이게 진짜 똥 냄새라고? 아, 정신이 혼미해진다.

하지만! 정신을 놓을 때가 아니다. 사건이 일어난 현장은 보존되어야 한다. **가장 중요한 것은 단서! 작은 단서 하나라도 사라지거나 훼손되어서는 안 된다.** 일명 폴리스 라인, 우리말로 경찰 저지선 테이프를 둘러쳤다. 주민들이 한 걸음 두 걸음 물러섰다. 수군대는 소리도 좀 줄었다. 역시, 이 너구리 경찰의 카리스마에 모두 반한 것 같다. 역시, 나란 경찰. 후훗!

그나저나 이제 무얼 해야 하지?

'흠…… 사건은 일어났고, 분명 범인은 있다.'

그렇다. 난 경찰이고, 범인을 잡아야 한다. 단서를 모아야 하는데, 사건 현장에 오는 길에 들은 소문들은 간접 경험들이었고……. 그래! '간접 경험'이 아닌 '직접 경험'을 한 주민들이 분명 있을 것이다. 진짜 이 사건에 대해 알고 있는 목격자를 찾아야 한다!

얼마 뒤, 송아리 마을에 커다란 현수막을 걸었다.

"목격자를 찾습니다!"

"5월 10일 일요일 밤, 거대한 똥을 싸고 간 동물을 보신 분은 연락 바랍니다!"

사건 현장부터 마을 입구까지! 곳곳에서 주민들이 볼 수 있도록 했다. 혹시 아주 작은 것이라도 중요한 단서를 본 목격자가 나타날지 모르니까!

찰칵찰칵! 사건 현장을 샅샅이 사진으로 찍기도 했다. 무시무시한 똥 덩어리의 여러 부분에서 모은 샘플을 각각 담기도 했다.

"아니, 언제까지 똥을 이대로 둘 거예요?"

"냄새가 고약해서 우리가 어떻게 살겠어요? 이렇게 코를 막고 있어도 냄새가 난다고요."

주민들의 불만이 이만저만이 아니다. 증거 모으는 일을 재빠르게 마치고 거대한 똥은 말끔히 치웠다. 물론 직접 하기에는 양이 너무 많고 대단해서 대형 쓰레기와 폐기물을 처리해 주는 전문가들에게 부탁했다. 똥은 깨끗하게 치웠지만 사건 현장은 사라지면 안 된다! 똥이 있었던 자리에 그 형태 그대로 선을 그어 두었다.

휴! 이 일들을 모두 마치고 나니 하루가 저물었다. 평화로이 산책하던 그 아침의 상쾌함이 잘 기억나지 않는다.

다음 날 이른 아침, 어제 현장에서 찍은 사진을 책상에 펼쳤다. 하얀 칠판을 가져와 중요한 사진들을 붙이기 시작했다. 사건에는 저마다 제목이 있다. 이번 사건의 제목은 '송아리 거대 똥 사건'으로 이름 붙였다. 하나하나 단서들을 모아야 하는데……. 지금 내가 가장 중요하게 할 일은 바로! 기다림이다. 목격자가 나타나기를 기다리고, 기다리고, 또 기다린다. 기다림……, 기다림…….

"드르렁 쿨쿨……. 드르렁 쿨쿨쿨……."

"따르르르릉!"

아차, 깜빡 잠이 들었다. 쓰읍! 이럴 수가, 침이 흐르는 것도 모르고 졸았다. 하마터면 경찰 수첩까지 흥건하게 적실 뻔했다. 어제 늦은 시간까지 사건을 생각하느라 잠을 잘 못 잤……다고 하기에는 잘 잔 것 같은데. 어휴, 피곤하다.

"따르릉! 따르르르르릉!"

어이쿠! 전화벨 소리에 정신이 쏙 빠진다.

"쿨럭쿨럭! 네, 감사합니다. 송아리 경찰서입니다!"

"네, 현수막 보고 전화드렸는데요. 제가 아무래도 똥 사건 목격자 같아서……."

오, 신이시여! 감사합니다. 드디어 목격자가 나타났다.

"네! 지금 바로 가겠습니다. 주소 불러 주시겠어요? 네네!"

와우, 목격자라니! 목격자가 본 것, 들은 것, 그 무엇이든 이야기를 잘 해 주면 사건 해결은 아주 순조롭게 진행된다. 증거 확보를 위해서라도 목격자를 빨리 만나야 한다.

'송아리 숲 보존 구역 중앙 큰 우물 B3'

주소를 보니 사건이 일어난 현장 바로 옆이다. 우물쭈물할 것 없이 곧장 출동했다.

두리번두리번, 큰 우물까지 왔는데 B3은 뭐지? 지하? 지하로 내려가야 한다는 말인가? 우선 우물을 좀 들여다봐야 할 것 같다.

"계십니까? 제 목소리 들리세요?"

'웅성웅성' 어디에선가 무슨 소리가 들리는데, 정확히 어디에서 나는 소리지?

앗! 우물 기둥에 영상 통화가 되는 전화기가 있다!

"여보세요? 저 보이세요? 송아리 경찰서에서 나왔습니다!"

작은 화면으로 개구리 한 마리가 보인다. 그렇다. 첫 번째 목격자는 바로 우물 안에 사는 개구리!

"너구리 경찰님, 안녕하세요? 잘 보이고 잘 들려요. 너무 크게 말씀하지 않으셔도 돼요."

우물 안 개구리는 약간 도도한 스타일이었다.

"반갑습니다. 우리가 만날 수 있는 방법은 이게 최선인가요?"

혹시 영상 통화가 아니라 얼굴을 마주하고 대화를 나눌 수 있을지 싶어서 물었다.

"이게 가장 나으실 거예요. 여기에 한번 들어오면 나가기 어렵고, 제가 우물 밖에 나가 본 건 지금까지 살면서 단 한 번도 없거든요. 제가 워낙 겁이 많고 집순이라……. 많이 불편하지 않으시면 이렇게 이야기 나누기로 해요."

맙소사, 우물 밖으로 나와 본 적이 없다니. 정말 우물 안에서만 평생 살아 온 개구리였다. 10년 넘게 경찰 생활을 해 오면서 처음으로 우물 안에 있는 주민의 목격자 진술을 듣게 되었다.

"알겠습니다. 그럼 목격자 진술 시작하겠습니다. 똥 사건 목격자라고 하셨는데요. 그날 밤 무슨 일이 있었는지 자세히 이야기해 주실 수 있을까요?"

"네, 제가 우물 안에서 똑똑히 봤어요. 범인은 엄청 커다란 동물이 분명해요."

개구리는 확신에 찬 목소리로 말했다.

"그날 저녁, 엄청나게 큰 그림자가 우물 위 하늘을 덮쳤어요."

"엄청 큰 그림자요? 조금 더 구체적인 모습을 알 수 있을까요?"

"네, 그림자로 봤을 때 기다란 그림자가 지나가더니 큰 덩어리의 그림자가 이어졌어요. 몸집이 엄청 크고, 몸에 기다란 막대 같은 아주 긴 부분이 있는 동물이 분명해요. 게다가 똥이 양도 엄청 많다면서요?"

진술 내용을 받아 적다 보니 왠지 개구리가 범인이라고 생각하는 동물이 정확하게 있는 것 같았다. 이게 바로 경찰의 촉! 느낌적인 느낌 아니겠는가? 난 주저하지 않고 핵심 질문을 던졌다.

"그렇다면 범인이라고 생각하는 동물은 누구인가요?"

나의 핵심 질문에 개구리는 잠시 생각하더니 작은 목소리로 속삭이듯 말했다.

"잘 들으세요. 범인은 바로! 코끼리예요."

앗, 이럴 수가! 진술을 들으면서 혹시나 하고 생각했던 동물이

다. 몸집이 크고 몸에 기다란 막대 같은 아주 긴 부분이 있는 동물, 똥의 양이 엄청난 동물! 그런데 증거가 아주 명확하지는 않다. 우물 안에서 개구리가 본 것은 범인이 아니라 범인으로 추측되는 그림자 아닌가?

"개구리님, 혹시 범인의 모습을 직접 보지는 못했나요?"

"네, 저는 우물 안에만 있다 보니······. 하지만 그림자는 분명 똑똑히 봤어요. 송아리 마을에는 코끼리가 단 한 마리 살고 있는 것 아시죠? 제가 목격자라는 말은 하지 말아 주세요!"

"아, 네. 알겠습니다. 비밀은 꼭 보장해 드립니다."

개구리는 약간 자신 없어 하는 모습을 보이기도 했지만 다시금 목소리를 가다듬는 것 같았다. 범인을 직접 본 건 아니지만 충분히 추측할 수 있는 상황이라는 생각도 들었다.

"개구리님, 목격자로서 전화 주시고 진술에 참여해 주셔서 감사합니다!"

"네! 꼭 범인을 잡았으면 좋겠네요."

이제 마음이 더 바빠진다. 그래, 어쨌든 목격자는 목격자니까! 왠지 느낌이 좋다. 목격자 증언에 따라서 증거도 다시 한 번 검토해야 한다. 무엇보다 첫 번째 용의자를 추격하는 것이 중요하다.

첫 번째 용의자, 송아리에 사는 단 한 마리 코끼리!

인문철학 왕 되기

'안다는 것'은 무엇일까요?

우리는 어떻게 해야 무엇인가를 알게 될까요?

 얘들아, 안다는 것이 무엇일까? 각자 지금 알고 있는 것에 대해 말해 볼까?

 저는 겨울이 춥다는 걸 알고 있어요.

 저는 지금 선생님께 대답을 해야 한다는 걸 알고 있어요.

 매년 겨울만 되면 날씨가 엄청 추워지잖아요!

 우리는 그러한 것들을 어떻게 알게 되는 것일까?

 저는 밥을 급하게 먹으면 배가 아프다는 걸 알고 있어요.

 밥을 급하게 먹으면 배가 아픈 경험을 하게 돼요.

 저는 샘의 질문을 들었으니까, 뭔가 대답을 해야 한다는 것을 알아요.

 그렇지. 우리는 각자 경험을 통해 다양한 것들을 알게 된단다.

'경험'이란 무엇일까?

경험이란 내가 눈, 코, 입 등의 감각 기관으로 직접 보거나 느낀 것 또는 실제로 해 보거나 겪은 일 등을 말해. 경험은 크게 두 가지로 나눌 수 있어.

직접 경험이란 어떤 일을 직접 겪어 봄으로써 얻게 되는 생각이나 생각의 재료를 말해.
간접 경험이란 사물에 부딪혀 직접 체험하여 얻는 것이 아니라 책이나 그림, 동영상 등을 통해서 얻게 된 생각이나 생각의 재료를 말해.

그럼 아래 동화 속 인물들이 한 네 가지 경험이 어떤 경험인지 생각해 볼까?

직접 경험

너구리 경찰이 사건 현장에 도착해서 거대한 똥에서 나는 고약한 냄새를 맡음.

경험은 우리가 아는 것을 넓히는 데 큰 역할을 해. 특히 간접 경험보다는 직접 경험이 더 큰 역할을 한다고 해.

토끼와 다람쥐가 거대한 똥에 대한 소문을 들음.

사건이 일어난 밤, 우물 안에서 살고 있던 개구리가 엄청나게 큰 그림자를 봄.

너구리 경찰이 토끼와 다람쥐로부터 거대한 똥에 대한 소문을 전해 들음.

존 듀이는 아이들이 직접 참여하고 경험하는 수업에서 훨씬 더 생생하고 확실하게 배운다고 주장했어. **교과서만을 가르치지 않고 생활 속에서 배울 수 있도록 해야 한다는 거야.** 생활 속 문제를 스스로 해결하면서 아이들은 바람직하게 성장하지. 듀이는 교육 과정을 '경험의 재구성' 혹은 '경험의 성장'이라고 말했단다.

미국의 철학자이자 교육자인 존 듀이(1859~1952)

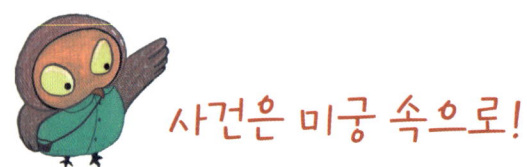 사건은 미궁 속으로!

똑똑!

조심스럽지만 절도 있게 코끼리 집의 문을 두드렸다.

"경찰입니다. 코끼리님 댁이지요? 계신가요?"

쿵…… 쿵…… 쿵…… 쿵…….

땅이 울리는 것 같은 이 진동은 뭐지? 지진인가? 발밑으로 생생하게 느껴지는 떨림으로 다리가 후들거리려는 순간! 삐-거-덕, 문이 열렸다.

"네, 제가 코끼리입니다만. 무슨 일로……?"

코끼리의 첫인상은 무척 평온해 보였다. 아주 낮은 톤의 목소리와 편안한 말투, 느린 몸짓이 그의 성격을 말해 주는 것 같았다. 하지만 겉으로 보이는 인상착의로만 판단해서는 안 된다. 철저하게 수사해야 한다!

"송아리 경찰서에서 나왔습니다. 너구리 경찰입니다. 잠시 안으로 들어가서 몇 가지 여쭈어도 될까요?"

경찰의 카리스마가 통한 걸까? 코끼리는 몇 발짝 물러서더니 안으로 들어오라고 길을 내어 주었다. 쿵…… 쿵…… 쿵…… 쿵……, 몇 발짝 물러서는데도 발밑으로 진동이 느껴졌다. 지진이 아닌 코끼리의 발걸음 때문에 땅이 흔들렸던 것이다. 대단한 몸집만큼 그 움직임도 대단했다.

코끼리의 집 안은 자연과 가까운 분위기였다. 나무 재질로 만든 가구부터 짚을 포개서 만들어 놓은 카펫까지. 어쩐지 마음이 편안해지는 것 같다. 코끼리는 느릿느릿 차 한 잔을 준비해 주었다. 꽤 기다려야 했지만 용의자의 집을 둘러볼 수 있어서 좋았다. 드디어 첫 번째 용의자 코끼리와 마주 앉았다.

"다름 아니라, 엊그제 송아리에서 사건이 하나 벌어졌습니다. 알고 계신가요?"

"소문은 들었어요. 누가 엄청난 똥을 쌌다고. 그 사건 맞나요?"

첫 질문을 예리하다고 느낄 만하게 준비했는데 코끼리는 불안해하지 않고 차분했다.

"맞습니다. 그 일과 관련해서 왔는데요. 5월 10일 저녁 시간에 어디에서 무엇을 하셨는지 말씀해 주시겠어요?"

정확한 날짜와 시간, 바로 그때에 무엇을 했는지 정확하게 말하지 못한다면 용의자는 범인일 가능성이 높아진다. 경찰 생활을 오래 해 왔지만 늘 긴장되는 순간이다.

"5월 10일……. 일요일이네요. 바로 엊그제 일요일……."

용의자는 무엇을 생각하는 걸까? 거짓말을 해 봐야 소용없다는 걸 알고 있을까? 이 너구리 경찰이 얼마나 예리하고 치밀한지 보여 줄 시간이다. 곰곰이 생각을 하던 코끼리는 마침내 입을 열었다.

"캠핑……. 맞아요, 캠핑을 갔던 날이에요."

"캠핑이요?"

나는 코끼리에게 그날, 어디에서, 무엇을 했는지 조금 더 구체적으로 이야기해 달라고 했다.

"네, 토요일부터 일요일, 월요일……. 그러니까 어제까지 캠핑을 하고 집에 왔어요. 풀 냄새 폴폴 캠핑장이고요. 일요일 저녁 시간이면 한참 불멍(불을 보며 멍하니 있다)을 즐기고 있었겠네요."

"혹시 그걸 증명해 줄 수 있는, 그러니까 증인이 있을까요?"

"음…… 잠시만요."

코끼리는 어딘가로 전화를 걸었다. 아주 친한 친구와 통화를 하듯 자연스러웠다.

"직접 만나시는 게 나을 것 같아서 친구를 불렀어요. 지금 집으로 와 준다고 하네요."

잠시 뒤, 생각지 못한 손님과 마주 앉았다. 코끼리와 함께 캠핑을 떠났던 친구 생쥐였다. 전혀 다른데 이렇게 잘 어울리는 친구가 또 있을까 싶은 생각이 들었다. 생쥐는 코끼리와 다르게 행동도 말도 무척 빨랐다.

"제 도움이 필요하시다고요? 지난 일요일이면 우리가 캠핑을 갔을 때예요. 저랑 코끼리 둘이 캠핑을 갔었고, 풀 냄새 폴폴 캠핑장에서 불멍을 즐겼죠. 그날 먹었던 마시멜로 구이가 얼마나 맛있었는지 몰라요."

쫑알쫑알 빠르게 말하는 걸 하나도 놓치지 않고 들었다. 이럴 수가, 코끼리의 알리바이와 다른 게 하나도 없는 완벽한 내용이다. 알리바이에 증인까지 있다니! 목격자에게 곧바로 연락이 오고, 용의자도 무척 빨리 찾게 되면서 어쩐지 사건이 너무 잘 풀린다 했다.

이렇게 첫 번째 용의자는 용의선상에서 아득하게 멀어져 갔다. 더 이상 코끼리의 집에 머무를 이유가 없어 자리를 정리하고 일어서려는 순간이었다.

"그런데요, 너구리 경찰님!"

생쥐가 다급하게 나를 불렀다.

"제 친구 중에 두더지가 있는데, 엊그제 밤 이상한 땅을 지나갔다고 했어요. 송아리 숲 보존 구역 중앙에 있는 큰 우물 근처에 사는 두더지라서 그쪽 땅을 아주 잘 알거든요."

가만가만, 엊그제라면 지난 일요일! 사건이 일어난 날 밤, 바로 그 장소를 지나간 게 분명하다. 역시 사건을 해결하고 다닐 때 그냥 지나가는 우연은 없다!

"아하, 지금 바로 두더지를 만나 봐야겠네요. 감사합니다!"

이보다 더 재빠를 수는 없다. 주저하지 않고 곧바로 두더지에게 찾아갔다. 송아리 숲 보존 구역 중앙 큰 우물 근처에 사는 두더지를 찾아라! 두더지를 찾아 가는 길에 사건 현장도 한 번 더 살펴볼 수 있었다.

"범인은 반드시 사건 현장을 다시 찾아온다."

선배의 선배, 그 선배의 선배 경찰들이 해 주던 이야기다. 귀에 못이 박히게 들어서 지겹기도 하지만, 절대 잊어버리지 않아야 하는 말 중 하나다.

경찰이 되고 얼마 되지 않아 맡았던 사건도 기억난다. 용의자가 누구인지는 알게 되었으나 좀처럼 어디에 숨었는지 알 수 없었던 그때였다.

답답한 마음에 사건 현장에 갔다가 나무 뒤에 우두커니 앉아 있던 용의자를 만난 적이 있다. 그 자리에서 용의자를 체포했고 결국 자백을 받아 범인으로 확정하고 사건을 해결했었다. 그 뒤로 어떤 사건이든 담당을 하게 될 때마다 일부러라도 사건 현장을 자주 들른다.

한낮의 시간인데도 사건 현장 주변은 썰렁하다. 곧바로 똥을 치워 버렸는데도 그 냄새는 쉽게 사라지지 않았다. 그래서인지 송아리 주민들이 이곳을 일부러 피해 다니는 느낌이기도 하다.

"푸른 숲 골프장과 함께한다면 우리 모두가 행복할 것입니다!"

이런 포스터만 휘휘 날아다니고 있었다. 요즘 옆 마을에 골프장이 들어서려고 한다는 이야기를 들은 적이 있는데, 아무래도 그 이야기인가 싶다.

에휴, 이렇게 숲을 다 없애고 개발을 한다고 나서면 동물들은 어떻게 살라는 말인가! 이 사건을 해결하고 나면 옆 마을 경찰서에도 한번 가 봐야겠다. 혹시나 도울 일이 있을지 모르니 말이다.

아차, 이럴 때가 아니지. 목격자일 수도 있는 두더지에게 가는 길이었던 걸 깜빡할 뻔했다. 날아다니는 포스터 세 장을 주워 접어서 경찰 수첩에 쿡 끼워 넣었다.

쓰레기 하나를 줍는 것, 환경을 보호하기 위해 앞장서는 것도 이 경찰이 할 일 중 하나가 아니겠는가! 경찰의 본분을 잊지 않는 나는 역시 타고난 경찰 중의 경찰이다. 이런 우쭐함과 자신감이 없다면 힘든 경찰 생활을 계속 이어가지 못할 것 같다. 잘 보존되고 있는 사건 현장을 뒤로하고 서둘러 두더지 집으로 걸음을 돌렸다.

첫 번째 목격자 개구리가 살고 있는 큰 우물 근처에서 두더지의

 집을 찾기 시작했다. 두더지는 땅속에 살지 않던가? 그렇다면 땅에 대문이 있으려나? 두 눈을 크게 뜨고 땅만 쳐다보며 걷기 시작했다.

 그런데 바로 그때였다. 울렁울렁, 울렁울렁! 흙으로 된

땅이 갑자기 움직이는 게 아닌가?

"이게 뭐지?"

내가 너무 땅만 쳐다보고 다녀서 눈이 잘못됐나 싶었다.

울렁울렁! 조금 더 울룩불룩! 그러더니 푸확!

"어이쿠, 깜짝이야!"

땅속에서 내가 그토록 찾고 있었던 두더지가 튀어나왔다. 한창 땅파기 작업을 하고 난 것 같아 보였다.

"어머나, 놀라셨다면 죄송해요. 제가 워낙 이러고 다녀서."

잠시 땅 위로 올라온 두더지는 흙이 잔뜩 묻어 있었다. 말투도 모습도 그냥 털털함 그 자체였다. 놀란 가슴을 진정하고 내 소개를 했다.

"이렇게 만나서 반갑습니다. 송아리 경찰서에서 나왔습니다."

"아, 생쥐에게 전화 받았어요. 저를 찾아올 거라고 하더군요. 생각보다 빨리 오셨네요."

역시 재빠른 생쥐였다. 두더지를 찾으러 오는 사이에 생쥐가 전화를 해 둔 것이었다.

"너구리 경찰관님 맞으시죠?"

"네, 맞습니다. 제가 너구리 같아 보이지 않으셨나요?"

의외의 질문에 나는 뒤통수를 긁으며 애써 미소를 지었다.

"아니에요. 제가 땅속에서 땅굴을 파서 살다 보니 시력이 굉장히 나쁘거든요. 우리 두더지들의 특징입니다."

아차, 그렇지. 두더지는 시력이 나쁜 대신 후각과 청각이 뛰어나다. 그러고 보니 눈은 거의 감고 있는 것 같았다.

"네네, 제가 깜빡했네요."

"그런데 왜 저를 만나러 오셨나요?"

생쥐에게 그 이유까지는 듣지 못한 모양이었다. 나는 마음을 가다듬고 다시 수사를 시작했다.

"네, 다름 아니라 엊그제 일어난 거대 똥 사건에 대해 알고 있는 게 있다고 해서 이렇게 찾아왔습니다. 지난 일요일 저녁 이후에 이상한 땅을 지나가셨다고요?"

"맞아요. 제가 앞은 잘 못 보지만, 소리도 잘 듣고 냄새도 잘 맡거든요."

두더지는 확실히 무언가 알고 있는 느낌이었다.

"무슨 소리를 듣고 무슨 냄새를 맡으셨나요? 기억나는 대로, 알고 있는 대로 말씀해 주세요."

"음, 우선 처음 맡아 보는 똥 냄새였어요. 제가 주로 땅속을 헤집고 다니다 보니 대부분 이 동네 동물들의 똥 냄새는 잘 알거든요. 그런데 아주 낯선 냄새였어요. 이게 동물의 똥이 맞나 싶은 생각이 들 정도로 말이에요."

경찰 수첩에 두더지가 하는 말을 잘 메모하며 들었다. 두더지는 아주 깊이 생각하면서도 전혀 알 수 없다는 표정을 지으며 이어서 이야기했다.

"게다가 냄새가 나기 직전에 들린 소리는 동물이 지나가는 소리가 아니었어요."

"네? 동물이 지나가는 소리가 아니었다고요? 게다가 동물의 똥이 맞나 싶었다고요? 그렇다면 대체 무엇이라는 말인가요? 혹시 동물이 내는 소리가 아닌 다른 소리를 들으신 게 있나요?"

그것이 무엇인지 정체만 밝혀 낸다면 사건은 금방 해결될 것 같았다. 그런데 이게 웬일인가. 두더지가 이어서 하는 말은 더 믿을 수가 없었다.

"제가 알고 있는 건 이게 전부예요. 정확하게 그게 무엇인지는 보지 못해서 모르거든요."

이럴 수가! 신이 나에게 장난을 치고 있는 것 같았다. 이렇게 되면 사건은 점점 미궁으로 빠지게 되는데……. 차라리 두더지가 하는 말을 듣지 않았다면 좋았을 뻔했다. 머릿속은 온통 뒤죽박죽에 엉망진창이 되어 버렸다.

"그런데 말이죠, 너구리 경찰님."

복잡한 생각을 하고 있는데 두더지가 다시 말을 건넸다.

"캄캄한 밤이었지만 분명히 사건 현장을 보고 있었던 동물이 있을 거예요."

"엇, 그게 누구죠?"

실낱 같은 희망을 안고 질문하는 나는 꽤 진지했다.

"확실하지는 않지만, 제가 가장 부러워하는 올빼미요. 큰 우물

옆에 있는 이 숲에서 가장 큰 나무 아시죠? 거기에 살고 있는 올빼미에게 가 보세요. 낮에는 보통 잠을 자고 있지만, 모두가 잠든 밤에는 두 눈을 동그랗게 뜨고 잘 보거든요. **그날 밤에 무슨 일이 있었는지 확실히 본 동물, 너구리 경찰님이 찾고 있는 목격자는 바로 올빼미일 수도 있어요!**"

인문철학 왕 되기

무엇을 아는 데 감각이 왜 중요할까요?

> 무엇이든 감각으로 느끼기 때문 아닌가요?

경험은 어떻게 하는 것 같니?

일단 봐야 해요. 눈으로 보면 알 수 있어요.

맞아. 그런데 눈으로 볼 수 있다고 해도 너무 비슷해서 구별이 어려운 것들도 많이 있어. 예를 들면…….

소금이랑 설탕처럼 말이죠!

그렇지. 이런 경우는 어떻게 구분하지?

이거야 쉽죠. 먹어 보면 돼요.

오호! 그럼 엄청 어두워서 뭐가 어디에 있는지 알 수가 없는 경우에는 어떻게 해야 할까?

그럴 때는 들려오는 소리를 잘 들어 보거나, 주변을 손으로 만져 보면 돼요.

맞아. 이렇게 보고, 듣고, 냄새 맡고, 만져 봐서 알게 되는 것을 '감각'이라고 한단다. 감각은 경험하는 데 아주 중요한 역할을 하지.

소쌤의 인문 특강
'경험'은 어떤 과정을 거쳐야 하는 걸까?

우리가 감각을 통해 어떤 방식으로 경험을 하게 되는지 생각해 보자.

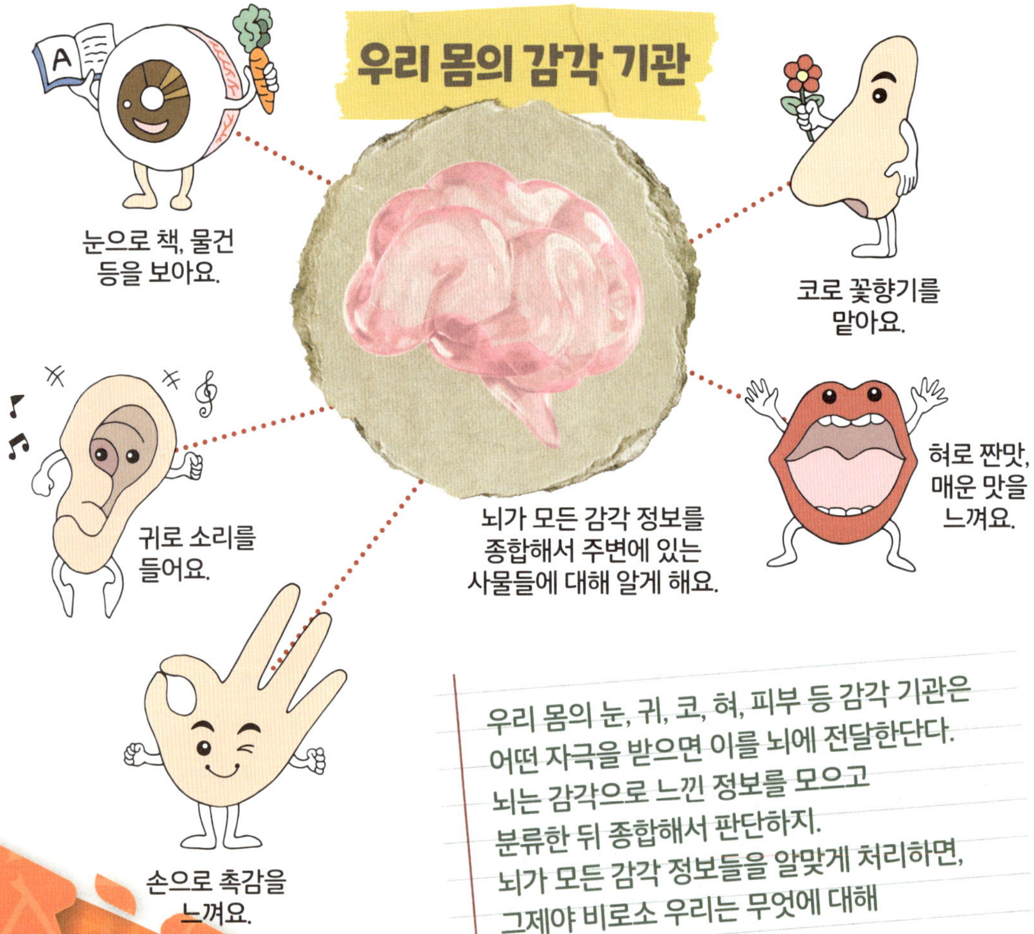

우리 몸의 감각 기관

- 눈으로 책, 물건 등을 보아요.
- 코로 꽃향기를 맡아요.
- 귀로 소리를 들어요.
- 혀로 짠맛, 매운맛을 느껴요.
- 뇌가 모든 감각 정보를 종합해서 주변에 있는 사물들에 대해 알게 해요.
- 손으로 촉감을 느껴요.

우리 몸의 눈, 귀, 코, 혀, 피부 등 감각 기관은 어떤 자극을 받으면 이를 뇌에 전달한단다. 뇌는 감각으로 느낀 정보를 모으고 분류한 뒤 종합해서 판단하지. 뇌가 모든 감각 정보들을 알맞게 처리하면, 그제야 비로소 우리는 무엇에 대해 안다고 생각하는 거지.

인간만 감각을 통해 사물을 아는 것은 아니야.
다른 생물체들도 저마다의 방법으로
이 세상을 알아 나가고 있단다!

고양이의 수염은 물체가 움직일 때 생기는 공기의 흐름을 예민하게 느낄 수 있어. 고양이가 어두운 밤에 좁고 높은 담벼락을 사뿐히 걸어갈 수 있는 것은 바로 이 수염을 통해 주변을 잘 파악할 수 있기 때문이야.

바다에 사는 연어가 어떻게 태어났던 강으로 다시 돌아오는지 아니? 커다란 지구는 물체를 당기거나 밀어낼 수 있는 자기력을 가지고 있어. 연어는 이 자기력을 느끼는 감각 능력이 뛰어나서, 자기가 살던 곳의 자기장을 따라 길을 찾는다고 해. 대단하지?

우리의 귀는 공기의 진동을 느끼고 뇌로 전달해. 그래서 사람이 듣기 어려운 진동수를 가진 초음파는 들을 수 없어. 그런데 박쥐는 초음파를 낼 수도, 들을 수도 있대. 덕분에 박쥐는 어두운 곳에서도 주변 위치를 잘 파악하고 먹잇감도 잘 잡지.

진동수가 너무 낮은 소리는 사람의 귀로 들을 수 없는데, 이를 '초저음파'라고 해. 코끼리는 이 소리를 들을 수 있어. 그래서 지구 아주 깊은 곳에서 들려오는 화산, 지진 소리를 듣고 미리 대피할 수 있다고 해. 코리끼는 귀만 큰 게 아니라 소리를 듣는 감각도 아주 발달한 거야.

진짜 아는 것이 무엇인지 말해 줘!

큰 우물 옆 송아리 숲에서 가장 큰 나무…….

그래, 저기! 멀리서도 한눈에 딱 알아볼 수 있다. 이제 해도 거의 다 졌고, 조금 있으면 어둑어둑한 밤이 된다. 올빼미도 슬슬 활동을 시작할 시간이다. 급한 마음에 자연스레 발이 빨라졌다. 헉헉! 숲 입구부터 걸어 들어가는 길이 멀게 느껴진다. 숨도 차고……. 하아, 힘들다!

'송아리 숲 보존 구역'은 지켜야겠는데, 이렇게 늦은 시간까지 퇴근도 못하고 수사를 해야 하니 이기적인 마음이 생긴다. 경찰차를 타고 이 안까지 들어오면 편하고 좋을 텐데. 휴, 이렇게 고생을 할수록 점점 더 사건을 해결하고 싶은 생각이 간절해진다.

괜한 '송아리 숲 보존 구역' 탓을 하며 힘겹게 가장 큰 나무 근처

까지 왔다. 그런데 걸어오는 내내 노랗고 동그란 불빛 두 개가 점점 가까워지면서 또렷하게 보였다.

엇, 그래! 저기가 가장 큰 나무다. 가지고 있던 손전등으로 나무 위를 향해 불을 비췄다. 푸드덕!

"으악! 누구냐?"

갑자기 날아오른 무언가에 소스라치게 놀라 그 자리에 털썩 주저앉고 말았다. 눈을 들어 보니 놀랍게도 가장 가까운 나뭇가지 위에 올빼미가 앉아 있었다.

"혹시 올빼미?"

"네, 맞아요. 갑자기 밝은 빛을 비춰서 깜짝 놀라 저도 모르게 날아 버렸네요."

올빼미는 무척 수줍은 표정으로 말하고 있었다.

"아차, 이 불빛에 놀라셨군요. 죄송합니다."

그제야 허둥지둥 손전등을 끄고 툭툭 엉덩이를 털고 일어섰다.

"인사가 늦었습니다. 저는 송아리 경찰서에 근무하는 너구리입니다."

"아, 네……. 저는 이 나무에 사는 올빼미예요."

과정이 좀 어수선했지만 잘 찾아오긴 했다. 두더지가 만나 보라고 한 그 올빼미가 맞았다.

"지난 일요일에 일어난 사건 때문에 찾아왔습니다."

"지난 일요일 사건이요?"

올빼미는 동그란 눈이 더 커지고 반짝이는 것처럼 보였다. 꽤나 놀라는 모습이었다.

"네, 거대 똥 사건이라고 아시지요? 어려운 일은 아니고, 그저 올빼미 님이 알고 있는 것을 저에게 말씀해 주시면……!"

한 발짝 다가가며 조심스레 질문하고 설명했다. 조금 더 설명을 해 보려는데 올빼미는 벌써 손사래를 치고 있었다.

"몰라요. 저는 아무것도 보지 못했어요."

이런, 두 발짝 다가가 보니 올빼미는 잔뜩 겁에 질려 있었다.

"아, 겁내지 않으셔도 됩니다. 올빼미 님 말고도 여러 주민들이 목격한 이야기도 해 주었고, 알고 있는 것들을 많이 말해 주었어요. 절대 어떤 피해도 입지 않을 겁니다."

애써 진정시켜 보려고 했지만 올빼미는 여전히 고개를 저었다.

"몰라요, 몰라! 난 올빼미지만 컴컴한 밤이 무서워요. 올빼미라고 해서 밤이 무섭지 않거나 밤에도 무엇이든 잘 볼 수 있는 건 아니라고요. 다들 누가 거대한 똥을 쌌다고 하는데 저는 몰라요. 누가 이 숲을 해치려고 하는지, 모두 잠든 그 밤에 누가 이 숲에 들어왔었는지 아무것도 몰라요. 만약 제가 뭐라도 알고 있는 걸 그들이 안다면 저를 가만두지 않을 거예요! 그리고 이 숲도, 제가 사는 이 큰 나무도 모두 무사하지 못할 거라고요."

푸드덕, 푸드덕!

그렇게 날갯짓을 하며 그길로 올빼미는 날아가 버렸다. 멀어지면서 그 크기가 작아지기는 했지만 저 높이 노랗고 동그란 눈빛이 사라지지 않고 희미하면서도 또렷하게 보였다. 올빼미는 큰 나무 아주 높은 곳으로 올라가서 나를 지켜보고 있는 것 같았다. 더 이야기를 나누고 싶지만 모두 잠든 밤에 소리를 칠 수도 없고, 저 높은 곳까지 올라갈 수 있는 방법도 없었다. 얼마나 기다리고, 애써서 찾아온 길인데……. 내가 할 수 있는 일이라고는 아쉬움만 남긴 채 발길을 돌리는 것뿐이었다.

'아무래도 이상해……. 분명히 무언가 본 것 같은데…….'

생각 속에서 또 생각이 맴돌고, 생각의 꼬투리를 잡고 또 생각이 이어졌다. 숲을 벗어나 경찰차로 돌아왔지만 집으로 가지는 못했다. 사건의 실마리를 찾기 위해서는 더 복잡해져 버린 머릿속을 정리해야 했다. 너무나 늦은 시간, 피곤한 몸을 이끌고 무작정 경찰서로 왔다.

올빼미가 했던 말을 하나하나 집중해서 생각해 보자.

첫째, 올빼미지만 컴컴한 밤이 무섭다. 그래, 무서울 수 있지. **그는 겁이 많은 올빼미다.**

둘째, 다들 누가 거대한 똥을 쌌다고 하는데 나는 모른다. 소문이 어떻게 퍼졌는지 알고 있지만 모른다고 한다. **무언가 아는 게 있을 수도 있다는 단서가 아닐까?**

셋째, 누가 이 숲을 해치려고 하는지, 모두 잠든 그 밤에 누가 이 숲에 들어왔었는지 아무것도 모른다. 사건이 일어난 시간은 모두 잠든 캄캄한 밤이 맞나 보다. **그런데 누군가 이 숲을 해치려고 이 숲에 들어왔다는 걸까?**

넷째, 만약 내가 뭐라도 알고 있는 걸 그들이 안다면 나를 가만두지 않을 거다. 그들? 그들이 누구인지 알고 있다는 말!

다섯째, 이 숲도 이 큰 나무도 모두 무사하지 못할 것이다. **오호라, 분명 올빼미는 누가 범인인지 알고 있다. 숲과 큰 나무를 없애버릴 만큼 강력한 존재라는 말이 아닌가!**

잊어버리기 전에 컴퓨터에 하나하나 기록해 두었다. 톡, 톡, 토도독! 고요한 경찰서 안은 컴퓨터 자판 두드리는 소리만이 나지막하게 들렸다.

투둑투둑 투두둑! 음? 이건 무슨 소리지?

문을 열어 보니 빗방울이 떨어지기 시작했다. 사건은 해결되지 않고 비는 내린다. 아, 쓸쓸한 밤이다.

'그런데 아무리 생각해도 정리가 되지 않는 부분이 있어. 분명히 올빼미는 무언가를 보았는데, 직접 보고도 진짜 모른다고 생각하는 걸까? 알고 있는 것을 모른다고 생각하면, 그것에 대해 진짜 안다고 할 수 없는 게 아닐까? 하지만! 올빼미 스스로 모르는 것이 무엇인지 정확하게 안다면? 그것에 대해 진짜 알게 될 수도 있는 것 아닐까?'

 생각에 생각이 이어지고, 질문에 질문이 이어지는 순간이었다. 앞으로 내가 해야 할 일이 어렴풋하지만 조금은 정확해진 것 같

다. 올빼미가 정확하게 아는 것과 모르는 것이 무엇인지 찾아야 할 것 같다. 그것을 찾아야만 이 사건에 대해 정확하게 알고 해결할 수 있다.

짤랑짤랑!

"크아아하아암."

어이쿠, 언제 잠이 들었지? 언제 눈을 감았는지, 어떻게 소파에 눕게 되었는지도 모르겠다. 계속 생각을 하고 있다고 생각했는데 잠을 자고 있었나 보다. 묵직한 몸을 일으켜 세웠다.

'음? 누구지?'

눈앞에 경찰서 문이 활짝 열려 있고 바바리코트를 멋스럽게 차려 입은 뒷모습이 보였다.

"누구……시죠……?"

혹시 꿈을 꾸고 있는 건가 싶어 두 눈을 비비며 다시 보고 또다시 보았다.

"일어나셨군요."

낮은 톤의 목소리, 새하얗고 고운 털, 가늘고 반짝이는 금테 안경을 쓴 그는 멋지게 뒤를 돌며 말했다.

"저는 토끼 탐정입니다. 만나서 반갑습니다."

"아, 네. 저를 찾아오셨나요? 들어오시지요."

애써 정신이 맑은 척 토끼 탐정을 경찰서 안으로 맞이했다. 송아리 마을에서 이 너구리 경찰보다 더 세련되고 멋진 동물은 본 적이 없다. 이 토끼 탐정이 처음이다. 왜 하필 내가 가장 피곤할 때, 아무렇게나 잠들었다가 일어난 부스스한 모습을 하고 있을 때 마주했단 말인가! 나도 잘 씻고 잘 차려 입으면 이렇게 비교될 정도는 아닌데 말이다.

그나저나 이런 생각을 하고 있을 때가 아니다. 당황하지 않고 여유 있는 모습으로 커피 한 잔을 내렸다. 그 사이 토끼 탐정은 경찰서 곳곳을 둘러보다가 소파에 앉았다. 그런데 언뜻 보니 걷는 모습이 어딘지 모르게 조금 불편해 보였다.

"제가 너무 경찰서를 구경했나요? 실례가 됐다면 죄송합니다."

그를 바라보고 있던 내 표정이 너무 멍해 보였는지 토끼 탐정은 사과를 했다.

"아, 아닙니다. 괜찮습니다."

예의 바른 말투에 나도 같이 공손해졌다.

"저는 어릴 때부터 경찰이 되고 싶었습니다. 경찰을 준비하던 도중에 사고를 당해서 다리를 다쳤어요. 꿈을 포기할 수 없어서

 탐정이 되었습니다. 경찰은 되지 못했지만 비슷한 일을 하고 있지요. 너구리 경찰님도, 이 경찰서도 정말 멋지네요."

 간결하지만 진심이 느껴지는 말들이었다. 역시 경찰은 근사한 직업이었다. 나의 꿈이기도 했던 경찰! 꼬질꼬질한 모습이었지만 토끼 탐정의 말 한 마디로 자신감이 차올라 어깨가 으쓱해졌다.

 "그런데 무슨 일로 찾아오셨는지요?"

 와 보고 싶은 경찰서에 그냥 한번쯤 놀러 온 것으로 보이지는 않았다.

"지금 '송아리 거대 똥 사건'을 수사 중이시지요? 그 사건에 대해 도움을 드리고 싶어서 이렇게 왔습니다."

엇, 그걸 어떻게 알았지? 사건의 정확한 이름까지 알고 있었다.

"네, 혹시 목격하신 일이라도 있으신지요?"

몹시 당황했지만 애써 침착하게 대화를 시도했다.

"목격은 아니고……. 이 마을에 중요한 사건인데 아무래도 잘 풀리지 않는 것 같아 저 나름대로 조금 알아보고 있었습니다."

토끼 탐정은 조심스럽게 이야기를 풀어 가기 시작했다.

"사건의 실마리를 찾으셔야 할 것 같은데, 제가 드리는 말씀이 도움이 되셨으면 좋겠습니다. 우선 수사의 이론 중 하나를 이야기하고 싶은데요. **여러 가지 추측 중에서 과연 어떤 추측이 정당한 것인가를 가리기 위해서는 그들 추측 하나하나를 모든 각도에서 검토해야 한다**는 원칙이 있지요?"

"네, 수사의 기초 이론에 들어가는 내용이지요."

과연 경찰을 준비했던 만큼 경찰의 수사 이론에 대해 잘 알고 있는 듯했다.

"그 이론에 비추어서 이번 사건을 생각해 보았습니다. 아주 기본적인 내용부터 모든 각도에서 검토를 해 보았지요. **그런데 과**

연 똥이 맞는가? 저는 송아리 거대 똥 사건의 중심이 된 그 물체가 똥이 아닐 수 있다는 주장을 해 보고 싶습니다."

맙소사! 똥이 똥이 아닐 수도 있다고?

"수사는 너구리 경찰께서 잘 해 주시리라 믿습니다. 저는 그저 제 생각을 꼭 말씀드리고 싶었습니다."

그렇게 토끼 탐정은 한 가지 '이론'과 한 가지 '주장'을 내놓고 유유히 사라져 버렸다.

토끼 탐정의 말을 듣고 나니 무언가 더 혼란스럽고 복잡해진 것 같다. 하지만 왠지 모르게 이 사건에 대해 더욱 정확하게 알게 될 수 있는 힌트를 얻은 느낌이 들기도 했다. 토끼 탐정이 내놓은 한 가지 이론과 한 가지 주장을 두고 지금까지 모은 단서와 목격자들의 말 등을 모두 비교하고 다시 생각해 보았다.

"그래, 바로 그거야!"

이렇게 더 시간을 보낼 수는 없다. 난 아주 큰 결단을 내렸다. 무시무시한 똥 덩어리의 여러 부분에서 조금씩 모아 각각 담아 둔 샘플이 있다. 일명 국과수, 정확한 이름으로는 '국립 과학 수사 연구원'이라는 기관에 이 샘플을 보내 검증을 하기로 했다.

더 고민할 시간이 없다. 괜한 고민을 하는 사이에 범인은 또 다른 범죄를 저지를지 모른다. 경찰의 신념을 가지고 과감하게 국과수로 가서 샘플을 전달했다. 국과수의 전설, 거북이 연구원이 이번 사건을 담당해 주기로 했다. 국과수 안에서 가장 나이가 많고 경험이 많은 분이다. 잘 부탁드린다는 말만 수십 번을 했다. 거북

국립 과학 수사 연구원

이 연구원은 별다른 말없이 고개만 끄덕였다.

국과수에서 결과가 나오기 전까지 무얼 할까 하다가 사건 현장에 한 번 더 찾아가 보기로 했다. 그런데 우연하게 그곳에서 나를 흘끔흘끔 보며 수군대는 주민들의 소리가 들렸다.

"아휴, 너구리 경찰 귀에도 들리겠어. 조용히 해. 우리도 기다려 보자고."

"국과수에 보냈다고? 누가 봐도 똥인 그걸?"

"그게 말이야. 큭큭. 지금 국과수에 의뢰하고 여기에 왔나 봐."

"아니, 결과는 뻔하지. 똥이 똥이지, 설마 똥이 아니겠어?"

정말 말은 발보다 빠르다. 조금 전에 국과수에 다녀온 일이 벌써 소문으로 쫙 퍼져 있었다. 물론 예상은 했다. 누가 봐도 똥인 그것을 국과수에 보냈다고 하면 키득키득 비웃고 수군댈 것 같았다. 바로 지금처럼 말이다.

하지만 전혀 후회하지 않는다. 창피하지도 않다. 지금까지 내가 알고 있는 것들 중에서 진짜 아는 것이 무엇인지, 모르고 있는 것이 무엇인지 명확하게 정리하기 위한 과정이다. 내가 정확하게 알아야 이 사건을 해결할 수 있지 않겠는가? 이 순간 나에게 중요한 것은 경찰로서 멋진 모습도, 아무도 비웃지 못할 카리스마도 아니다. 내가 맡은 이 사건의 진실에 대해 정확하게 아는 것이 가장 중요하다.

아니, 결과는 뻔하지. 똥이 똥이지, 설마 똥이 아니겠어?

인문철학 왕 되기

소문만 듣고 사실을 안다고 말할 수 있을까요?

직접 내 눈으로 확인해야 안다고 할 수 있지 않을까요?

 자, 생각해 보자. 지금까지 너구리 경찰을 비롯해서 마을 사람들은 사건 현장에 있는 것이 당연히 똥이라고 생각했지? 하지만 그 거대한 물체가 진짜 똥인지 아닌지에 대해서는 밝혀 본 적이 없지 않니?

 생각해 보니 그렇네요.

 이런 경우가 종종 있단다. 어떤 것에 대해서 확실하게 알지 못하면서 이야기를 나누는 경우가 많지. 예를 들면 어떤 것들이 있을까?

 그렇구나. 소문을 듣고 이야기를 나누는 경우, 우리는 그 사건에 대해 알고 이야기를 나누는 걸까, 아니면 모르고 이야기를 나누는 걸까?

 제가 직접 본 것도 아닌데, 어떤 사람에 대한 소문만 듣고 진짜인 것처럼 이야기를 나눴던 경우가 있어요.

 직접 본 게 아니라면 모르는 것이라고 해야 하지 않을까요?

 같은 생각이야. 어떤 소문이나 소식을 들었을 때, 내가 직접 경험한 것이 아니라면 그것에 대해 안다고 섣불리 말하면 안 된단다.

진짜 알아 가는 과정

안다고 말하기 위해서는 어떤 과정이 필요할지 생각해 보자.

우리가 무엇을 안다고 말하기 위해 필요한 것 중 우리가 깊이 생각해 볼 건 바로 '비교'라는 거야.
예를 들어 생각해 볼까? 너희들은 어떤 물건이 '무겁다'라는 생각을 언제 했었니?

저는 큰 이모랑 헬스장에 갔었는데, 이모는 한 손으로 드는 아령을 저는 두 손으로 겨우 들었어요. 진짜 무거웠어요.

그런 경험을 통해서 같은 물건이라도 제마다 무게를 다르게 느끼고 판단한다는 것을 알 수 있겠구나.
그래서 사람들은 무게, 길이, 온도 등을 표시할 때 공통으로 쓸 수 있는 단위를 만들고 측정할 수 있는 물건들도 만들었단다. 온도를 재는 온도계, 무게를 재는 저울, 길이를 재는 자 같은 것들이지.

나의 경험을 이론과 주장에 비교해 보자!

내가 관찰한 결과를 이미 사실로 받아들여진 이론이나 주장과 비교해 보면, 그것이 참인지 알 수 있기도 해. 400여 년 전, 이탈리아의 과학자이자 천문학자였던 갈릴레오 갈릴레이는 망원경을 사용해서 밤하늘의 별과 행성을 관찰하는 걸 좋아했어. 그러다 지구가 태양 주위를 돌고 있다는 것을 알게 되었지.

갈릴레오 갈릴레이
(1564~1642)

갈릴레이가 살던 시대의 사람들은 '태양이 지구를 중심으로 돈다.'는 '천동설'을 사실로 여겼단다. 그래서 '지동설'을 발표한 갈릴레이를 비난하는 사람들이 많았어. 참 놀랍지? 그때나 지금이나 지구와 태양의 관계는 변함이 없을 텐데 말이야.

그럼 지금 과학 시간에 배우는 것들도 다 의심해 봐야 될까요?

하하, 무조건 의심하라는 건 아니야. '내'가 알고 있는 내용이 전부 다 사실일 것이라고 단정 짓지 않는 태도, 직접 경험한 것이라고 해도 내가 모르는 부분들이 분명히 있을 것이라고 한 번 더 생각해 보는 자세가 필요하겠지.

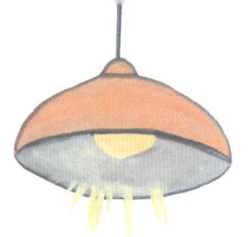

밝혀진 그날 밤의 진실

 드디어 오늘이다. 국립 과학 수사 연구원에 똥 샘플을 보내고 일주일이 지났다. 결과가 나오기로 한 바로 그 날이다. 거북이 연구원 말에 따르면 10시쯤엔 결과를 알 수 있을 거라고 했다. 궁금한 마음에 이른 아침부터 여기 앞에 와서 무작정 기다렸다.
 오전 10시가 막 지났을 때였다. 국과수 문이 열리고 거북이 연구원이 직접 서류 봉투 하나를 들고 나왔다. 거북이 연구원은 조심스러운 듯 주변을 살피더니 경찰차에 잠시 타자고 했다. 최근 며칠 중에서 가장 긴장되는 순간이었다.
 "직접 열어 보시겠어요?"
 거북이 연구원에게서 서류 봉투를 건네받고 그 입구를 열었다. 서류 몇 장이 들어 있었고, 한 장 한 장 넘기다가 가장 중요한 결과 부분을 발견하게 되었다.

"이게 무슨 말이죠? 혹시 설명해 주실 수 있을까요?"

무언가 내용이 쓰여 있었지만 어떻게 해석해야 할지 난감했다.

"주신 샘플이 어떤 동물의 똥인지에 대해 의뢰를 하셨는데요. **검사 결과로는 동물의 배설물이 아닌 것으로 밝혀졌습니다.**"

"네? 뭐라고요?"

헉! 이럴 수가. 이게 사실이란 말인가? 결과지를 보면서 어떻게 해석해야 할지 난감했던 게 아니라 사실을 인정하기 힘들었던 것 같다. 눈으로 보고 귀로 들어도 믿을 수가 없었다.

"그러니까 똥이. 아차차! 그게 똥이 아니라는 말씀이시지요? 조금만 더 설명해 주시겠어요?"

"조사해 보니 동물의 배설물과 썩은 쓰레기 등을 섞어 놓은 물질로 확인되었습니다."

맙소사! 똥의 정체는 충격 그 자체였다.

정확히 말해서 똥이 아

니라고도 할 수 없었다. 그렇다고 어떤 동물의 똥도 아니었다. 정확히 말해 똥과 썩은 쓰레기를 섞고 온갖 더러운 것들을 모아서 만든 '오물'이었다. 토끼 탐정의 말이 옳았다. 처음 제보자에게 전화를 받았던 순간부터 수사를 하는 내내 이번 사건의 중심을 '똥'이라고 단정 지은 것부터가 오류였다. 처음부터 다양한 각도에서 의심하고 확인하면서 수사를 진행했어야 하는데……. 나의 오만함이 가져온 실수였다. 나의 실수를 인정할 수밖에 없었다.

"너무 충격적이라 말이 잘 안 나오네요."

결과를 설명해 준 거북이 연구원에게 무슨 말이라도 해야 할 것 같았지만 입이 딱 다물어졌다. 그런데 거북이 연구원은 중요한 이야기를 건넸다.

"정확하게 말씀드리기는 어렵지만……. 이와 같은 샘플을 얼마 전에 연구한 적이 있습니다."

"그게 어떤 연구였죠? 매우 중요한 단서가 될 것 같습니다!"

무엇 하나라도 실마리를 얻고 싶은 마음에 다급하게 물었다.

"흠, 옆 마을에 골프장 건설이 추진되고 있는 것 아시지요? 그 작업이 진행될 때에 이 오물이 사용된 적이 있다고 합니다. 정확한 것은 옆 마을에 가서 확인하시는 게 좋겠습니다."

거북이 연구원이 차에서 내렸다.

문득 며칠 전 사건 현장에 갔다가 경찰 수첩에 꾹 끼워 두었던 포스터 세 장이 떠올랐다. 손이 부들부들 떨렸다. 포스터를 꺼내 들고 그길로 옆 마을 경찰서로 갔다.

다행히 옆 마을 경찰서에는 나와 경찰 대학을 같이 졸업한 늑대 경찰이 근무하고 있었다. 안부를 물을 겨를도 없이 다짜고짜 사건에 대해 질문을 퍼부었다.

"대체 왜? 누가?"

두서없이 이번 사건의 내용부터 국과수 연구 결과까지 이야기를 했다. 그러고는 옆 마을에서 일어난 골프장 개발과 관련해서 오물은 어떤 관계가 있는지, 누가 벌인 짓인지 물었다. 늑대 경찰은 잔뜩 흥분해 있는 나를 진정시키면서 자기 마을에서 어떤 일이 있었는지 자세히 알려 주었다.

"숲을 개발해서 돈을 벌려고 하는 이들이 일부러 오물을 가져다 놓는 거야. 숲에 냄새나고 더러운 것을 가져다 놓으면서 숲의 가치를 떨어뜨리는 거지. '더럽다, 냄새 난다' 등으로 숲의 이미지를 망가뜨리고, 동물들이 숲을 포기하도록 만들어서 숲이 있던 자리에 돈을 벌 수 있는 시설을 짓는 거야. 우리 마을에는 결국 골프장이 들어서게 되었어. 다른 숲들도 살펴보니 이런 경우에 대부분 문화 체육 시설이나 주거 시설, 그러니까 아파트 같은 게 들어선다고 하더군."

온몸에 소름이 돋았다. 아주 치밀하고 계획적으로 숲을 망가뜨리려는 의도가 훤하게 보였다.

"송아리 마을은 그나마 다행이네. 너 같은 경찰이 있어서 말이야. 우리 마을은 사건이 일어났을 때 결국 그 오물이 무엇인지 몰라서 결국 숲의 일부를 골프장에 빼앗겨 버렸어. 주민들이 서로 의심하고 싸우다가 냄새나고 더러운 숲이라면서 포기하자고 결정했지. 국과수에 오물의 샘플을 넘겨서 그 정체를 밝힌 건 최근의 일이야. 송아리 마을만큼은 빨리 진실을 알게 되었으니 대응할 수 있지 않겠어?"

늑대 경찰은 혼란에 빠져 있는 나를 위로하기도 하고 용기를 주

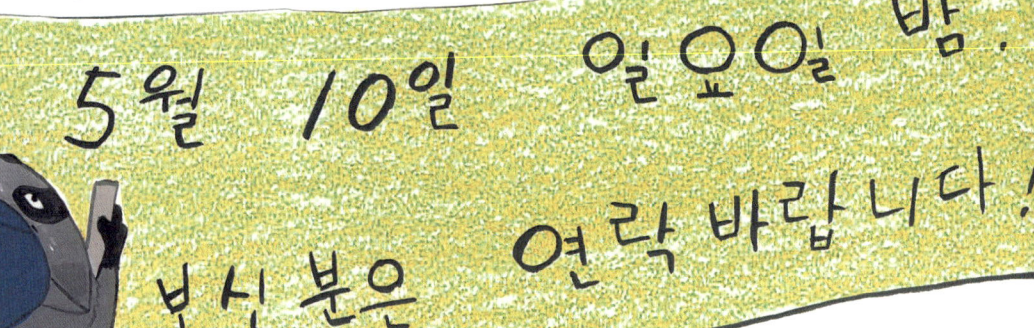

기도 했다.

"그래, 이제라도 알았으니 잘 해결해 봐야겠지. 고마워, 친구!"

나중에 꼭 한번, 사건을 잘 마무리 지은 다음에 맛있는 밥을 사겠다고 약속하고 송아리 마을로 돌아왔다.

똥의 정체를 알게 되면 사건이 어느 정도 해결될 거라고 생각했다. 그건 나의 큰 착각이었다. 오물의 정체를 알게 된 순간부터 해야 할 일들은 전혀 달라졌다.

'숲을 개발하려는 이들이 일부러 오물을 가져다 두었다. 그렇다면 누가, 무엇으로, 어떻

대한 오물을 두고 가는 누군가를 목격자의 안전은 경찰이 책임지고

게 오물을 우리 마을에 옮겨 두었을까?'

이제부터 새로운 관점으로 사건을 바라보고, 새로운 접근으로 진행해야 한다.

"목격자를 찾습니다!"

사건 현장에 새로운 현수막을 내걸었다. '5월 10일 일요일 밤, 거대한 똥을 싸고 간 동물을 보신 분은 연락 바랍니다!'라고 걸었던 내용을 바꾸었다.

'5월 10일 일요일 밤, 거대한 오물을 두고 가는 누군가를 보신 분은 연락 바랍니다! 목격자의 안전은 경찰이 책임지고 지키겠습니다.'

사건 수사를 처음부터 다시 시작하는 기분이었지만, 이제야 무언가 제대로 하고 있는 느낌이었다.

해가 저물기 시작할 무렵, 경찰서로 반가운 이가 찾아왔다. 올빼미였다. 송아리 숲 큰 우물 옆에 있는 가장 큰 나무 위에 사는

바로 그 겁 많은 올빼미!

"아이고, 올빼미님! 무슨 일로 오셨어요? 아직 해가 완전히 지지 않았는데 여기까지 나오셨어요?"

올빼미 입장에서는 무척 이른 시간 같아서 신기하면서도 이상하다는 생각이 들었다.

"다른 게 아니라……, 그날 밤의 진실을 밝히고 싶어서요."

"네? 그날 밤의 진실이요?"

겁 많은 올빼미가, 아무것도 모른다고 하던 그 올빼미가 스스로 여기까지 찾아왔다. 심지어 진실을 밝히겠다고 말이다! 과연 놀라운 일이었다. 올빼미는 용기를 내어 그날 자신이 보고 알고 있는 이야기를 꺼내 놓기 시작했다.

"그날 밤, 10시가 지났을 때였어요. 커다란 포클레인 한 대가 '송아리 숲 보존 구역'의 땅을 밀고 들어왔지요. 포클레인에 매달린 거대한 기계 삽에 오물을 싣고 들어왔어요. 그러고는 아무렇지도 않게 큰 우물 옆 그 자리에 오물을 내려놓았죠."

"그렇다면 왜 포클레인 바퀴 자국이 하나도 남지 않았지요?"

가장 이해가 되지 않는 부분이었다. 거대한 포클레인이 들어왔다가 나갔다면 풀로 덮이지 않은 흙바닥 부분에는 바퀴 자국이 있어야만 했다.

"그건 바로 포클레인이 다시 들어왔던 길을 그대로 나가면서 흙바닥을 다듬었고, 아무 일이 없었던 것처럼 만들었기 때문이에요. 그 모습을 보면서 그들이 얼마나 치밀하고 무서운지 알았어요."

"아……, 그래서 숲도 가장 큰 나무도 모두 무사하지 못할 거라고 생각했군요."

올빼미는 정말 마음을 굳게 먹고 경찰서를 찾아온 것으로 보였다. 무척 고마운 마음이 들었다.

"네, 맞아요. 죄송해요. 빨리 말씀드렸다면 이렇게 오래 걸리지 않았을 텐데……. 우리 마을 동물들이 아니라 외부에서 들어온 개발자들이 벌인 일이고, 거대한 기계를 보고 나니 너무 겁이 났어요."

이제야 올빼미의 입장이 이해되었다. 내가 올빼미였다고 해도 잔뜩 겁을 먹고 목격자라고 나서지 못했을 거라는 생각이 들었다.

그리고 올빼미의 목격자 진술을 듣고 보니 첫 번째 목격자로 나섰던 우물 안 개구리의 이야기와 일치하는 부분들을 발견할 수 있었다. 우물 안 개구리가 보았던 덩치가 크고 기다란 막대 같은 부

분이 있는 그림자! 포클레인과 딱 맞아떨어졌다. 우물 안 개구리는 그림자만 보고 코끼리가 용의자라고 잘못 짚었지만, 전혀 잘못 본 것은 아니었다.

그러고 보니 두더지도 올빼미도 마찬가지였다. 이번 사건에 대

해 분명하게 아는 것은 아니었지만 그렇다고 전혀 모르는 것도 아니었다. 문득 그런 생각이 들었다. 안다고 하지만 다 알지 못할 수도 있고, 모른다고 하지만 전혀 모른다고 할 수도 없는 것 아닐까?

 '송아리 거대 똥 사건'은 이렇게 정리되었다. 범인은 어떤 동물이 아닌 송아리 숲을 해치려 하는 개발자들이었다. 이번 사건은 아주 철저하게 계획된 일이었다. 개발자들이 벌인 일이라는 흔적을 없애 버리고, 숲의 이미지와 가치만 떨어뜨리려는 의도였다. 게다가 이 마을에 사는 동물들끼리 서로 의심하고 미워하게 하면서 분위기를 엉망으로 만들려고 했다. 그 틈에 개발에 대한 계획을 내어놓고 자기들 뜻대로 하려는, 무시무시하고 어마

어마한 과정의 시작이었다.

사건이 어느 정도 해결된 뒤로 어수선하고 불안하게 지냈던 송아리 마을의 분위기는 사뭇 달라졌다.

"너구리 경찰님, 고생 많았어요."

"국과수에 의뢰한다고 했을 때 속으로 비웃었는데, 너구리 경찰의 판단이 옳았어요."

마을을 지나가다가 만나는 주민들은 종종 고맙다고, 미안하다고 인사를 건넸다. 주민들끼리 수군수군하고 서로가 서로를 의심하던 모습도 사라졌다. 오히려 너도나도 앞장서서 우리 숲을 지키기로 했다.

"우리 송아리만큼 깨끗하고 아름다운 숲도 없지?"

"맞아, 맞아. 송아리 마을을 누가 지키겠어? 우리 주민들 스스로가 지켜야지!"

"우리 숲을 지키기 위해서는 무엇이라도 할 거야!"

개발자들의 계획과 정반대로 송아리 마을 주민들은 그야말로 똘똘 뭉쳤다. 주민들은 숲을 더 깨끗하게 가꾸고 정비했다. 모두들 자연스럽게 숲길을 걸을 때 쓰레기를 줍는 습관이 생겼다. 그리고 가장 유행한 활동은 '플로깅'이었다. 조깅을 하면서 쓰레기를 줍는 운동으로 나이에 상관없이 열풍을 일으켰다. 건강도 지키고 환경도 지키는 멋진 변화였다. 더구나 마을 입구에서는 주민들이 서로 돌아가면서 푯말을 들고 릴레이 시위를 했다.

"송아리 마을은 숲 개발을 반대합니다!"

"이익만 생각하는 개발자는 출입을 금지합니다!"

혹시라도 다시 사건이 일어날지 모른다는 생각에 숲을 개발하려는 이들이 들어오지 못하도록 철저하게 마을 입구를 지키기도 했다. 이렇게 다양한 노력들이 모여서 결국 우리 마을에는 골프장이나 아파트가 들어서지 못했다. 능수능란하게 숲을 해치고 개발을 유행처럼 몰고 다녔던 개발자들이 유일하게 실패한 마을로 소문이 나기까지 했다.

결국 이렇게 '송아리 거대 똥 사건'은 송아리 주민들이 모두 힘을 모아 숲을 지켜 내는 것으로 끝이 났다.

난 여전히 송아리 경찰서에서 이 마을의 평화를 위해 일한다. '송아리 거대 똥 사건'을 겪고 난 다음에 나에게 생긴 변화가 있다. 그것은 바로 **'아는 것'과 '모르는 것'이 무엇인지 생각하게 되었다는 것이다.**

어떤 사건을 맡게 되더라도 그 무엇에 대해 안다고 장담하지 않는다. 모른다는 말도 그대로 믿지 않고 그 이유를 찾게 되었다. '아는 것'과 '모르는 것'의 차이는 알다가도 모르겠지만, 언제나 '정확하게 알기 위해' 노력하는 경찰이 된 것만은 분명하다!

인문철학 왕 되기 ① ② ③ ④

만일 나라면?

앞으로는 아는 것도 다시 한번 확인해 봐야겠어요.

하지만 내가 진짜 알고 있는 게 맞는지 생각해 보는 과정에서 모든 게 뒤죽박죽이 되어 버렸어요.

뒤죽박죽이라…… 그것도 매우 좋은 경험이 될 거야. 내가 모른다는 것을 깨닫고 알고 있는 것에 대해서도 다시 한번 탐구해 보는 자세가 중요하단다.

 아래와 같이 세 명의 친구들이 말한 내용 중
'나' 입장에서 가장 확실하게 "안다!"고 말할 수 있는 사실을 골라 보자.

① 사과는 항상 빨개!

② 10 더하기 7은 언제나 17이다!

③ 지구는 태양 주위를 돈다.

예시 답) 2, 3 (사과는 상한 빨갛지 않고, 품종에 따라 색이 다르다.)

주의 깊게 관찰하기

여기 사과가 있어요. 사과의 색깔은 어떤가요? 사과는 어떤 맛이 날까요? 여러분이 눈, 코, 입, 귀, 손 등의 감각 기관을 이용해서 사과에 대해 알게 된 것, 느낀 것을 모두 써 보세요.

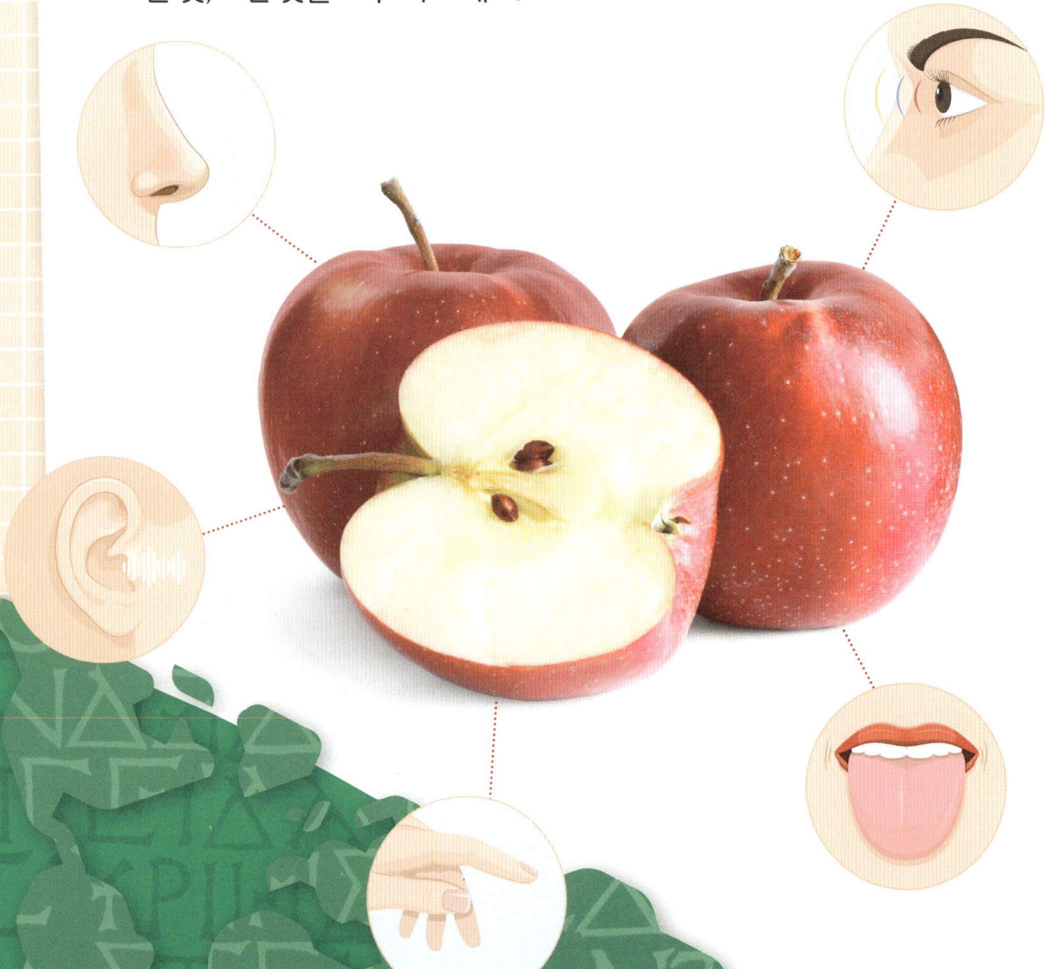

 사과에 대해 내가 알고 있는 것

어, 이 사람이 사과가 밑으로 떨어지는 걸 보고 지구가 모든 물체를 끌어당기는 힘, 중력이 있다고 말한 뉴턴이구나.

내일 지구가 멸망하더라도 난 한 그루의 사과나무를 심어야지.

사과나무에서 떨어진 사과를 바라보는 아이작 뉴턴

200만 부 판매 돌파!

 한국디베이트협회
 서울시 교육청 추천도서
 2017 세종도서 교양부문
 2012 문화체육관광부 우수교양도서
 미래창조과학부인증 우수과학도서 2018
 책나라
 2016년 우수건강도서

AI 시대 미래 토론

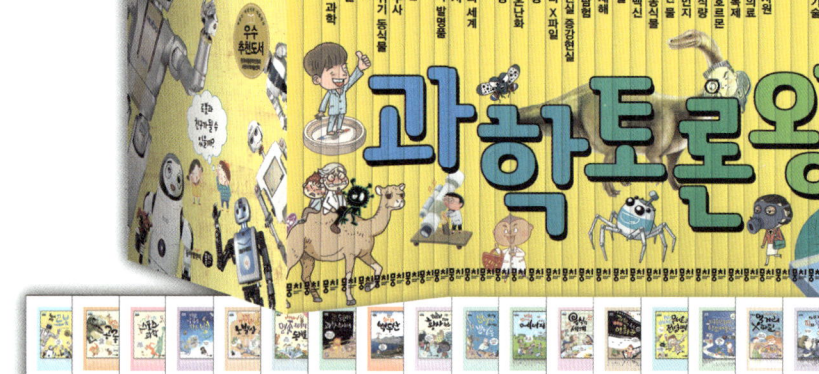

✓ 뭉치북스가 만든 국내 최초 토론책!   ✓ 초등 국어
✓ 한국디베이트협회와 교

인재를 위한 교과서

과학토론왕
과학토론왕 40권 + 독후활동지 40권
전 80종 / 정가 580,000원

사회토론왕
사회토론왕 40권 + 독후활동지 40권
전 80종 / 정가 580,000원

- 한우리 추천도서
- 경향신문 추천도서
- 경기도 초등토론 교육연구회 추천
- 경기도 지부 독서 골든벨 선정도서
- 환경정의 어린이 환경책 권장도서
- 한국 아동문학인협회 우수도서
- 학교도서관 사서협의회 추천도서

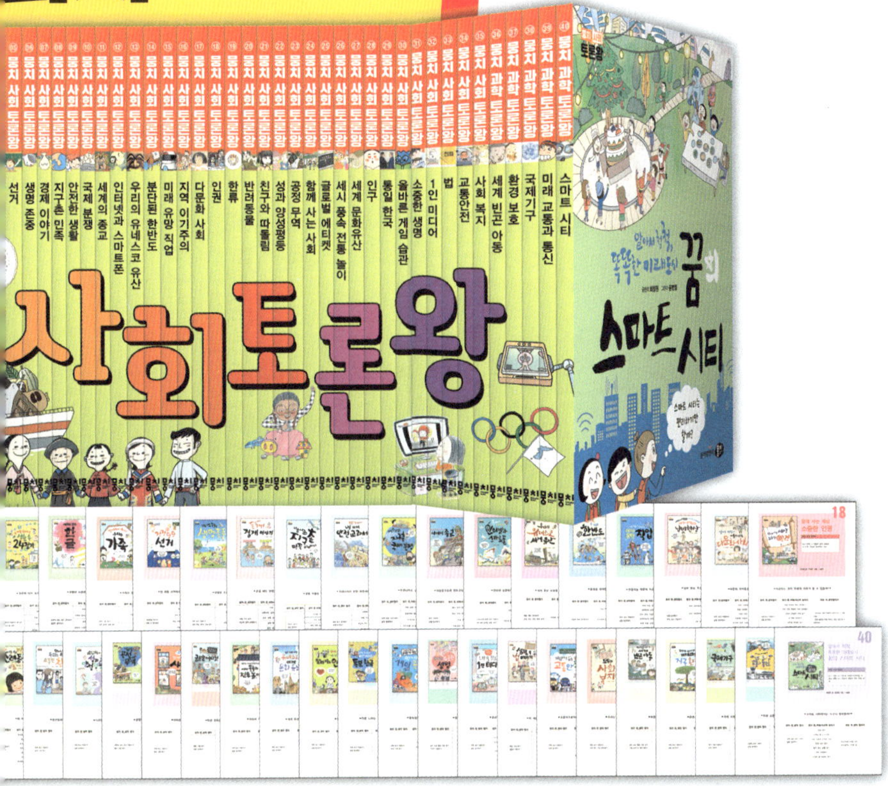

선정 도서! ✅활용 만점 독후 활동지 각 권 제공!
문가들이 강력 추천한 책!

01 우리 땅 독도	13 바람 잘 날 없는 지구촌 국제 분쟁	24 우리는 이웃사촌! 함께 사는 사회	33 뚜아뚜아별의 법을 부활시켜라!
02 생활 속 24절기	14 믿음과 분쟁의 역사 세계의 종교	틀린 게 아니라 다른 거라고? 글로벌 에티켓	생활 속 법 이야기
03 세계를 담은 한글	15 인공 지능으로 알아보는 미래 유망 직업	26 신통방통 지혜가 담긴	34 하늘·땅·바다 어디서나 조심조심!
04 정정당당 선거	16 지역 이기주의 님비 현상	우리의 세시 풍속과 전통 놀이	어린이를 위한 교통안전
05 우리의 유네스코 세계 유산	17 더불어 사는 다문화 사회	출발, 시간 여행! 유네스코 세계 문화유산	35 함께 만들어요! 함께 누려요! 모두의 사회 복지
06 좋아? 나빠? 인터넷과 스마트폰	18 함께 사는 세상 소중한 인권	아이는 줄고! 노인은 늘고! 달라지는 인구	36 위아더월드, 도움의 손길이 필요해요,
07 함께라서 좋아! 우리는 가족	19 세계를 사로잡은 문화 콘텐츠 한류	29 우리는 하나! 세계로! 미래로! 통일 한국	세계 빈곤 아동
08 한민족, 두 나라 여기는 한반도	20 변치 않는 친구 반려동물	30 레벨업? 섯다운? 슬기로운 게임 생활,	37 환경 억후 오총사가 간다, 지켜라! 지구 환경
09 너도 나도 똑같이 생명 존중	21 왕따는 안 돼! 우리는 소중한 친구	벗어나요 게임 중독	38 전쟁 NO! 평화 YES! 세계를 이끄는 힘, 국제기구
10 돈 나와라 뚝딱! 경제 이야기	22 여자냐 남자? 같은 것과 다른 것! 성과 양성평등	31 살아 있어 행복해! 곁에 있어 고마워!	39 더 멀리, 더 빠르게! 미래 교통과 통신
11 시끌시끌 지구촌 민족 이야기	23 모두가 행복한 착한 초콜릿,	소중한 생명	40 알아서 척척, 똑똑한 미래 도시,
12 앗! 조심해! 나를 지키는 안전 교과서	아름다운 공정 무역	32 나도 크리에이터! 시끌벅적 1인 미디어 세상	꿈의 스마트 시티

수학이 쉬워지고, 명작보다 재미있는
뭉치수학왕

100만 부 판매 돌파!

"인공지능(AI) 시대의 힘은 수학에서 나온다!"

개념 수학

〈수와 연산〉
1 양치기 소년은 연산을 못한대
2 견우와 직녀가 분수 때문에 싸웠대
3 가우스, 동화 나라의 사라진 0을 찾아라
4 가우스는 소수 대결로 마녀들을 물리쳤어
5 엘런, 분수와 소수로 악당 히들러를 쫓아내라
6 약수와 배수로 유령 선장을 이긴 15소년

〈도형〉
7 헨젤과 그레텔은 도형이 너무 어려워
8 오일러와 피노키오는 도형 춤 대회 1등을 했어
9 오일러, 오즈의 입체도형 마법사를 찾아라
10 유클리드, 플라톤의 진리를 찾아 도형 왕국을 구하라
11 입체도형으로 수학왕이 된 앨리스

〈측정〉
12 쉿! 신데렐라는 시계를 못 본대

13 알쏭달쏭 알라딘은 단위가 헷갈려
14 아르키는 어림하기로 걸리버 아저씨를 구했어
15 원주율로 떠나는 오디세우스의 수학 모험

〈규칙성〉
16 떡장수 할머니와 호랑이는 구구단을 몰라
17 페르마, 수리수리 규칙을 찾아라
18 피보나치, 수를 배열해 비밀의 방을 탈출하라
19 비례배분으로 보물섬을 발견한 해적 실버

〈자료와 가능성〉
20 아기 염소는 경우의 수로 늑대를 이겼어
21 파스칼은 통계 정리로 나쁜 왕을 혼내 줬어
22 로미오와 줄리엣이 첫눈에 반할 확률은?

〈문장제〉
23 개념 수학-백점 맞는 수학 문장제①
24 개념 수학-백점 맞는 수학 문장제②
25 개념 수학-백점 맞는 수학 문장제③

융합 수학
26 쌍둥이 건물 속 대칭축을 찾아라(건축)
27 열차와 배에서 배수와 약수를 찾아라(교통)
28 스포츠 속 황금 각도를 찾아라(스포츠)
29 옷과 음식에도 단위의 비밀이 있다고?(음식과 패션)
30 꽃잎의 개수에 담긴 수열의 비밀(자연)

창의 사고 수학
31 퍼즐탐정 쎌렁홈즈①-외계인 스콜피오스의 음모
32 퍼즐탐정 쎌렁홈즈②-315일간의 우주여행
33 퍼즐탐정 쎌렁홈즈③-두쪽박쥐 백설 공주 구출 작전
34 퍼즐탐정 쎌렁홈즈④-'지지리 마란드러' 방학 숙제 대작전
35 퍼즐탐정 쎌렁홈즈⑤-수학자 '더하길 모테'와 한판 승부

36 퍼즐탐정 쎌렁홈즈⑥-설국열차 기관사 '어려도 달리능기라'
37 퍼즐탐정 쎌렁홈즈⑦-해설 및 정답

수학 개념 사전
38 수학 개념 사전①-수와 연산
39 수학 개념 사전②-도형
40 수학 개념 사전③-측정·규칙성·자료와 가능성

독후 활동지

본책 40권+독후 활동지 7권
정가 580,000원